Hallo!

In der Geschichte findest du an einigen Stellen Profifragen zum Text.

Deine Antworten kannst du mit einem Lesezeichen überprüfen. Das kannst du hinten aus dem Buch herausnehmen.

Es ist dein Lösungsschlüssel!

Aus Verantwortung für die Umwelt hat sich der Fischer Kinder- und Jugendbuch Verlag zu einer nachhaltigen Buchproduktion verpflichtet. Der bewusste Umgang mit unseren Ressourcen, der Schutz unseres Klimas und der Natur gehören zu unseren obersten Unternehmenszielen.

Gemeinsam mit unseren Partnern und Lieferanten setzen wir uns für eine klimaneutrale Buchproduktion ein, die den Erwerb von Klimazertifikaten zur Kompensation des CO_2-Ausstoßes einschließt.

Weitere Informationen finden Sie unter: www.klimaneutralerverlag.de

Weitere Informationen zum Kinder- und Jugendbuchprogramm der S. Fischer Verlage finden Sie unter: www.fischerverlage.de

FSC www.fsc.org MIX Papier aus verantwortungsvollen Quellen FSC® C043106

2. Auflage 2022

Erschienen bei FISCHER Duden Kinderbuch

Fachberatung: Ulrike Holzwarth-Raether
Gestaltungskonzept: Farnschläder & Mahlstedt, Hamburg
Layout: Michelle Vollmer, Mainz
Umschlagkonzept: Frauke Schneider, Wittighausen
Umschlaglayout: Mischa Acker, Brühl

Druck und Bindung:
Grafisches Centrum Cuno GmbH & Co. KG, Calbe
Printed in Germany
ISBN 978-3-7373-3475-4

Leseprofi

Die Bienenretter

Luise Holthausen

mit Bildern von Iris Hardt

FISCHER Duden Kinderbuch

Inhalt

1. Bienentag

Es ist neun Uhr morgens.
Frieda springt aus dem Bett.
Schnell zieht sie sich an.
In der Küche begegnet ihr Mama.
„Warum hast du es so eilig?“,
fragt Mama verwundert.
„Es ist doch Wochenende.“
„Aber heute ist Bienentag
bei Daria!“, ruft Frieda.
„Bienentag?“, fragt Mama.
Frieda kann nicht antworten.
Sie schlingt gerade hastig
ein paar Löffel Müsli hinunter.

Mit dem Fahrrad fährt Frieda
zu ihrem Freund Mario.
An der Tür klingelt sie Sturm.
Marios Vater öffnet und sagt:
„Du bist früh dran.“
„Aber heute ist Bienentag
bei Daria!“, wiederholt Frieda.
„Bienentag?“, fragt auch Marios Vater.
Da kommt schon Mario.
Er fragt nicht nach.
Er weiß, was los ist!
„Wir können fahren“, sagt er.

Zusammen radeln Frieda und Mario zu ihrer Freundin Daria. Sie wohnt im Hexenhaus. Es ist bestimmt schon mehr als hundert Jahre alt. Im Garten steht eine Linde. Frieda umarmt ihren Stamm. Das macht sie jedes Mal, wenn sie Daria besucht. Die Linde wäre fast gefällt worden. Aber Frieda und ihre Freunde haben sie gerettet!

Im Garten stehen auch
drei Bienenkisten.
Die will Darias Mutter
heute kontrollieren.
Frieda und Mario
dürfen dabei zusehen!
Daria kommt aus dem Hexenhaus.
„Sind wir zu spät?“,
fragt Frieda aufgeregt.
„Nein, wir müssen noch
warten“, antwortet Daria.
„Erst wenn die meisten Bienen
ausgeflogen sind, fangen wir an.“

Zum Glück ist es warm und windstill.
Da sammeln die Bienen
besonders gerne Nektar.
Bald wird es ruhig am Flugloch.
Die meisten Bienen sind unterwegs.
Die Kinder ziehen Imkeranzüge an.
Jetzt sind sie gut geschützt.

Darias Mama zündet den Smoker an.
Der Rauch beruhigt die Bienen,
die noch im Bienenstock sind.
Sie nimmt das Dach ab.
Wie Schubladen stecken
die Rähmchen in der Bienenkiste.
Vorsichtig nimmt Darias Mama
ein Rähmchen heraus.
Frieda kann die Waben erkennen.
Einige Bienen krabbeln noch
in ihnen herum.

Profifrage 1

Was ist ein „Smoker“?

- ein Lagerfeuer
- eine Feuerstelle
- ein Imkergerät, das Rauch erzeugt

„Es gibt Arbeitsbienen
und es gibt Drohnen“,
erklärt Daria ihren Freunden.
„Und die Königin.
Mama will nachsehen,
ob es ihr gut geht.“
Aber wie soll man denn
bei diesem Gewimmel und Gewusel
die Königin finden?
Für Frieda sehen die Bienen
alle gleich aus.

Plötzlich sagt Daria leise:
„Guckt mal da!“
Frieda und Mario recken die Hälse.
Eine Biene hat einen längeren Körper
als alle anderen Bienen.
„Die Bienenkönigin!“,
flüstert Frieda voller Ehrfurcht.
Ohne sie gäbe es
den ganzen Bienenstock nicht!

Die Bienen haben schon
Vorräte mit Honig angelegt.
„Eigentlich cool“, meint Mario.
„Die Bienen kriegen Nektar
von den Blüten.
Die Pflanzen werden bestäubt.
Und ihr bekommt Honig
aus dem Bienenstock.
Da haben also alle was davon.“

„Bienen sind eben
nützlich“, sagt Daria.
„Nicht nur Bienen“,
sagt ihre Mutter.
„Alle Insekten sind nützlich.“
„Man müsste sie halten können
wie Bienen“, überlegt Frieda.
Darias Mutter lächelt.
„Das geht leider nicht.
Aber man kann etwas bauen,
worin sie sich wohlfühlen.
Ein Insektenhotel.“

Ein Hotel für Insekten!
Das wollen die Kinder sofort bauen.
Im Internet finden sie
einen einfachen Plan.
Daria druckt ihn aus.
Erst mal brauchen sie eine Holzkiste
und ein paar Dosen.

Im Keller machen sich
die Kinder auf die Suche.
Mario entdeckt eine alte Obstkiste.
Perfekt!
In einem Regal finden die Freunde
auch noch leere Dosen.
Die legen sie in die Kiste.
Darüber nageln die Kinder
ein Holzbrett als Dach.
Darias Papa hilft ihnen dabei.
Das Dach soll die Insekten
in ihrem Hotel vor Nässe schützen.

Jetzt müssen sie
das Hotel noch einrichten.
Frieda guckt auf die Anleitung.
„Geeignet sind Röhren aus Bambus“,
liest sie vor. „Außerdem
Stängel, Steine, Rinde und Äste.“
„Bambus haben wir im Garten“,
sagt Daria. „Und den Rest
finden wir im Wald.“

Profifrage 2

Was vom Bambus eignet
sich für ein Insektenhotel?

- die hohlen Halme
- die Laubblätter
- die Wurzeln

Zusammen radeln sie los.
Im Wald ist Frieda immer gerne.
Dort gibt es so viel zu entdecken.
Sie ist eine Forscherin.
Mit einer Lupe untersucht
sie einen umgefallenen alten Baum.
Mücken schwirren um
seinen Stamm herum.
Auf der Rinde krabbelt ein Käfer.
An der Wurzel rennen
Ameisen pausenlos hin und her.
Der alte Baum ist ja
auch ein Insektenhotel!

Mit Ästen und Zweigen im Gepäck
machen sich die Freunde
wieder auf den Rückweg.
An einer Kreuzung
schlägt Mario vor:
„Fahren wir doch mal nach links.
Den Weg kenne ich noch nicht.“
Die Mädchen stimmen zu.
Der Weg führt zum Neubaugebiet.
„Hier wohnt irgendwo Frau Peine
bei ihrem Sohn“, sagt Frieda.
Frau Peine hat früher
im Hexenhaus gewohnt.

Aber der Weg ist langweilig.
Die Häuser sind nicht so schön
wie das Hexenhaus.
Sie haben nur kleine Gärten.
Überall ist frisch gemäht.
Nur wenige Blumen blühen.
Die Vorgärten sind nicht bunt,
sondern grau vom Beton.
Hier würden Darias Bienen
gar nicht genug Nektar finden.

2. Der fremde Bienenstock

An einem gelben Haus
bremst Daria auf einmal.
Beinahe donnert Mario
ihr ins Hinterrad.
„Pass doch auf!“,
beschwert er sich.
„Was ist denn los?“,
will Frieda wissen.
Dann sieht sie es auch:
Der Garten des gelben Hauses
ist nicht kahl und grau.
Er sieht bunt und fröhlich aus.
Und dort steht eine Bienenkiste!

Vom Gartenzaun aus
beobachten sie den Bienenstock.
Aber es sind kaum Bienen zu sehen.
Am Flugloch ist gar nichts los.
„Vielleicht sind gerade
alle Bienen unterwegs“, meint Mario.
„Wo sollen sie denn hier genug
Nektar finden?“, sagt Frieda.
„In den Nachbargärten
gibt’s doch nur Beton.“

Da kommt ein Mann
ans offene Fenster.
Er hat gehört,
was Frieda gesagt hat.
„Leider hast du recht“,
stimmt er traurig zu.
„Mein Garten allein
ist zu klein für die Bienen.
Letztes Jahr konnten sie
zu den Naturwiesen fliegen.
Jetzt gibt es hier die große Straße.
Deshalb finden die Bienen
nicht mehr zu den Naturwiesen.“

„Also müssen die Bienen hungern?“,
fragt Frieda erschrocken.
„Ich füttere Zuckersirup zu“,
antwortet der Mann.
„Aber das ist nichts auf Dauer.
Ich werde sie wohl
nicht behalten können.“
Frieda tun die Bienen leid.
Und der Mann auch.

Profifrage 3

Der Mann kann seine Bienen nicht mehr behalten, weil …

- der Zuckersirup alle ist.
- die Bienen keine Nahrung mehr finden.
- die Bienenkönigin ausgerissen ist.

Nachdenklich gehen die Kinder
zurück zum Hexenhaus.
Dort ist an der Bienenkiste
eine Menge los.
Was für ein Unterschied!
Die Bienen fliegen ständig
hinein und hinaus.
An ihren Beinchen hängen die Pollen,
die sie gesammelt haben.

Die Kinder hängen das Insektenhotel
an einen warmen Platz in die Sonne.
Sie füllen es mit ihren
Fundstücken aus dem Wald.
Frieda muss dabei dauernd
an die anderen Bienen denken.
Wie klein der Garten dort ist.
Und wie groß dieser hier ist!
Plötzlich hat sie eine Idee.

„Und wenn ihr noch eine Bienenkiste
in eurem Garten aufstellt?“,
platzt Frieda heraus.
Mario und Daria
finden die Idee super.
„Wir fragen gleich meine Eltern“,
schlägt Daria vor.
Darias Mutter erntet gerade
Tomaten im Gewächshaus.
Die Kinder erzählen ihr
von den hungrigen Bienen.
Und von ihrem Plan.

Profifrage 4

Wer kommt auf die Idee,
die Bienen umzuziehen?

- Mario
- Frieda
- Daria

„Wir müssen die Bienen unbedingt retten“, sagt Frieda.
Und Daria fügt hinzu:
„Wo unsere Bienen satt werden, werden bestimmt noch andere satt.“
„Und ihr bekommt mehr Honig“, meint Mario.
Die Mutter lacht und nickt.
„Das ist ein guter Vorschlag. Wir wollten sowieso noch mehr Bienenkisten haben.“

Die Kinder jubeln.
„Wir haben Glück“,
freut sich Mario.
„Vor allem haben die Bienen
Glück“, sagt Frieda.
Aber ob der Bienenmann
seine Bienen so einfach hergibt?
Und wie geht
ein Bienenumzug überhaupt?

Darias Eltern besprechen alles
mit dem Bienenmann.
Er kommt extra vorbei
und guckt sich den Garten
vom Hexenhaus an.
„Ja, das ist das richtige
Zuhause für meine Bienen“,
sagt er glücklich.
„Hier wird es ihnen gut gehen.“
„Sie dürfen Ihre Bienen
dann auch besuchen“,
verspricht Daria ihm.

3. Bienenumzug

In dieser Woche ist Frieda
mal wieder eine Forscherin.
Diesmal forscht sie in der Bücherei.
Sie leiht sich
Bücher über Bienen aus.
Abends liest sie immer
ganz lange im Bett.
Am Tag forscht sie im Internet weiter.
Danach weiß sie,
wie Bienen umziehen.

Dann ist es so weit.
Es ist wieder Wochenende.
Und Frieda ist wieder früh wach.
Sie krabbelt zu Papa
und Mama ins Bett.
Mama gähnt und fragt:
„Ist heute wieder Bienentag?“

„Heute ist Bienenumzug“,
erinnert Frieda die Eltern.
„Aber doch erst abends,
wenn die Bienen alle
im Bienenstock sind“,
murmelt Papa. „Das hast du
uns selbst vorgelesen.“
Das stimmt. Aber es ist
doch alles so aufregend!
Wie kann man denn da schlafen?

Der Tag zieht sich endlos.
Endlich wird es Abend.
Es beginnt bald zu dämmern.
Frieda ist hundemüde.
Aber als sie alle zusammen
zum Bienenmann radeln,
ist sie wieder topfit.
Denn jetzt werden die Bienen
für den Umzug vorbereitet!

Profifrage 5

Welches Wort mit „müde“ gibt es nicht?

- schafsmüde
- hundemüde
- saumüde

„Sind alle Bienen
zu Hause?“, fragt Frieda.
Der Bienenmann nickt.
Vorsichtig steckt er
Schaumstoff in das Flugloch.
Frieda darf noch ein Stück
Klebeband darüberkleben.
Jetzt sind die Bienen sicher!
Keine kann mehr wegfliegen.

Der Bienenmann sichert die Kiste
noch mit einem Gurt.
Dann trägt er die Kiste
mit Darias Papa
vorsichtig zu seinem Auto.
Sie heben sie auf die Ladefläche.
Dort sichern sie die Kiste
mit einem zweiten Gurt.

„Bitte fahren Sie vorsichtig!“,
sagt Frieda zum Bienenmann.
„Natürlich“, verspricht er ihr.
„Ich passe gut auf die Bienen auf!“
Er setzt sich in sein Auto
und fährt los.
Alle anderen fahren
mit ihren Rädern hinterher.

Der Bienenmann fährt langsam.
Aber an einer Kurve verlieren sie
ihn doch aus den Augen.
Frieda tritt wie wild
in die Pedale.
Endlich taucht vor ihnen
das Hexenhaus auf.
Davor parkt schon
das Auto vom Bienenmann.

Gerade lädt der Bienenmann
die Bienenkiste aus.
Darias Mama hilft ihm dabei.
Sie tragen die Kiste in den Garten.
Dort stellen sie die Kiste
in die Nähe der anderen.
„Herzlich willkommen
im neuen Zuhause“,
begrüßt Daria die Bienen.

„Haben die Bienen denn alles gut überstanden?“, fragt Frieda aufgeregt.
„Geht es Ihnen gut?“
„Das werden wir bald sehen“, antwortet Darias Mutter.
„Darf ich das Flugloch öffnen?“, fragt Frieda.
Darias Mutter nickt.

Frieda löst das Klebeband ab.
Sie zieht den Schaumstoff heraus.
Das Flugloch ist offen!
„Ihr könnt fliegen,
Bienchen“, flüstert Frieda.
Aber es summt nichts.
Die Bienen sind still.
Frieda bekommt Herzklopfen.
Geht es ihnen doch nicht gut?

„Es ist schon dunkel.
So spät fliegen
die Bienen nicht mehr“,
beruhigt sie Darias Mutter.
„Morgen früh wissen wir mehr.“
Frieda möchte am liebsten
mit dem Fuß aufstampfen.
Schon wieder warten!
Wie soll sie das denn
bis morgen aushalten?

Profifrage 6

Warum möchte Frieda
mit dem Fuß aufstampfen?

- Sie ist beleidigt.
- Sie ist verärgert.
- Sie ist ungeduldig.

4. Die Nacht im Garten

Frieda will die Bienen
nicht erschrecken.
Deshalb fragt sie nur leise:
„Papa, darf ich heute Nacht
bei den Bienen bleiben?"
Papa schmunzelt: „Willst du
denn im Garten schlafen?"
„Wir haben ein Zelt",
sagt Daria. „Das können
wir im Garten aufschlagen."
Alle sind begeistert.
Auch Mario darf
bei Daria übernachten.

Schnell sausen die Kinder
in den Keller
und holen das Zelt.
Leise tragen sie es
in den Garten.
Natürlich nicht zu nah
an die Bienenkiste.
Denn die Bienen
brauchen ihre Ruhe.
Aber nah genug, damit sie
die Bienen sehen können.

Inzwischen ist es stockdunkel.
Zum Glück
hat Mario immer
seine Taschenlampe dabei!
Damit leuchtet er in die Wiese.
Die Mädchen bauen
mit Friedas Papa das Zelt auf.
„Bis morgen“, verabschieden
sich die Eltern. „Schlaft gut!“
Aber Frieda wird
bestimmt nicht schlafen!
Sie ist viel zu aufgeregt.

Die Kinder kriechen ins Zelt.
Sie kuscheln sich
in ihre Schlafsäcke.
Frieda stellt extra einen Wecker.
Sie will auf keinen Fall
den Bienenflug verpassen!
Dann liegen sie still nebeneinander.
„Hört ihr das?“, flüstert Mario.
Sie lauschen gespannt.
Die Geräusche in der Nacht
klingen so anders
als die am Tag!

„Huhuu“, schreit ein Kauz.
In der Ferne bellt es heiser.
„Das ist ein Fuchs!“, flüstert Daria.
Und raschelt da nicht
was neben dem Zelt?
Vielleicht die Igelfamilie?
Aber irgendwann
schläft Daria ein.
Dann schläft Mario ein.
Und am Schluss sogar Frieda.

Noch vor dem Wecker
wacht Frieda wieder auf.
Sie blinzelt.
Es wird schon hell.
Die Uhr zeigt fünf.
Frieda schleicht sich
aus dem Zelt.
Die Vögel zwitschern
und begrüßen den Morgen.
Aber an der Bienenkiste
ist es noch still.
Leise setzt sich Frieda ins Gras.

Die Sonne steigt höher.
Sie wärmt schon ein bisschen.
Auf einmal hört
Frieda ein Summen.
Da! Frieda hüpft
vor Begeisterung.
Die erste Biene
kommt aus dem Flugloch!

Profifrage 7

Wann fliegen die Bienen los?

- erst wenn es etwas wärmer wird
- wenn die Sonne hoch am Himmel steht
- um 5 Uhr früh

Frieda huscht zurück zum Zelt.
„Aufstehen!“, flüstert sie.
Daria und Mario
rühren sich nicht.
Frieda schnauft.
Sie traut sich nicht,
laut zu rufen.
Sie rüttelt die beiden
an der Schulter.

„Die Bienen sind schon wach!“, flüstert Frieda. Verschlafen rappeln sich Daria und Mario auf. Sie trotten aus dem Zelt. Mario stolpert fast über seine eigenen Füße. Er reibt sich die Augen.

Immer mehr Bienen
verlassen die Kiste.
Sie verteilen sich
im gesamten Garten.
Sie fliegen von Blüte zu Blüte.
Überall finden sie Nektar!
Frieda freut sich:
„Es gefällt ihnen
in ihrem neuen Zuhause!“

Doch dann kommt Frieda
plötzlich ein Gedanke:
Und wenn sich
die Bienen nun verirren?
Wenn sie nicht
zu ihrer Kiste zurückfinden?
Schließlich wohnen sie
erst seit gestern hier.
Also schon wieder warten!

Profifrage 8

Was befürchtet Frieda?
Dass ...

- die Bienen den Nektar nicht finden.
- ihnen ihr Bienenmann fehlt.
- sie nicht in ihre Kiste zurückfinden.

Doch da kommt eine Biene angeflogen!
Sie landet am Flugloch.
Und schon ist sie
in der Kiste verschwunden.
Frieda ist so erleichtert!
„Die Bienen finden
nach Hause!“, jubelt sie.
Am Flugloch wimmelt es jetzt.
Bienen fliegen aus,
andere kommen zurück.
Sie müssen nicht mehr hungern.

Das feiern die Kinder gleich
bei einem schönen Frühstück.
Sie decken den Tisch im Garten.
Darias Mama bringt leckeren Kakao.
Dazu essen sie Brote,
von denen der Honig tropft.
Die Bienen sammeln
inzwischen fleißig Nachschub.
Und auch ins Insektenhotel
ziehen die ersten Bewohner ein.

Für Vollprofis

Jetzt ist die Geschichte zu Ende.
Hier geht's mit Aufgaben für Vollprofis weiter!
Die Lösungen findest du auf der Rückseite.

1. Welche Form hat eine Bienenwabe?

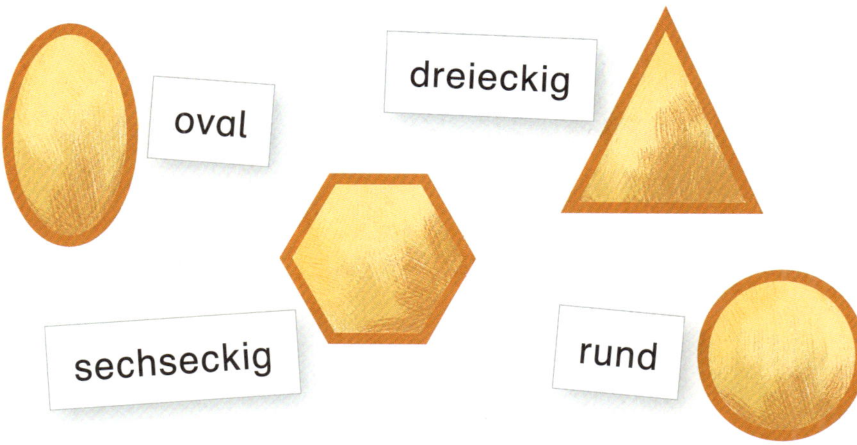

2. Wer wohnt wo? Wie heißt es richtig?

BIENENHAUFENWESPENSTOCKAMEISENNEST

____

____

____

Für Vollprofis

3. Bienenlexikon! Schaffe Ordnung und verbinde.

Drohne ○

Pollen ○

Arbeitsbiene ○

Bienenkönigin ○

Nektar ○

○ Sie ist größer als alle anderen Bienen. ♥

○ Sein Duft zieht Bienen an. ▲

○ Sie hat die meisten Aufgaben im Bienenstock. ▮

○ Ein anderes Wort für Blütenstaub. ●

○ Sie hat keinen Stachel. ▼

Herzlichen Glückwunsch!

Geschafft. Jetzt bist du ein echter Leseprofi! Noch mehr spannende Bücher findest du unter www.duden-leseprofi.de

Lösungen

1. sechseckig
2. BIENEN – STOCK, AMEISEN – HAUFEN, WESPEN – NEST
3. Drohne ▼, Pollen ●, Arbeitsbiene ▮, Bienenkönigin ♥, Nektar ▲

Leseprofi von Duden – von Anfang an richtig

1. Klasse

Jeweils 48 Seiten, gebunden.

Zwei Pferdegeschichten in einem Band. 96 Seiten

- Das Geheimnis im Schuppen
  ISBN 978-3-7373-3468-6
- Ferien auf der Blaubeerinsel
  ISBN 978-3-7373-3472-3
- Eine Mumie geht zur Schule
  ISBN 978-3-7373-3447-1
- Ein Fohlen namens Schnuppe
  ISBN 978-3-7373-3470-9

2. Klasse

Jeweils 64 Seiten, gebunden.

- Diamantenklau im Hafen
  ISBN 978-3-7373-3471-6
- Eine Gruselnacht im Zelt
  ISBN 978-3-7373-3442-6
- Ein Schultag im alten Rom
  ISBN 978-3-7373-3467-9
- BMX und sonst nix!
  ISBN 978-3-7373-3374-0

Alle Duden Leseprofis finden Sie unter
www.duden-leseprofi.de

Das Lesezeichen ist dein Lösungsschlüssel für die Profifragen!

Für jede Antwort findest du ein Puzzleteil.

Wenn es zum Puzzle auf dem Lesezeichen passt, ist die Antwort richtig!